Anonymous

Ioannis Batpitstae Passeri Pisavren. Nob. Evgvbini de Tribvs

Vascvlis Etrvscis Encavstige Pictis a Clemente XIIII

Anonymous

Ioannis Batpitstae Passeri Pisavren. Nob. Evgvbini de Tribvs Vascvlis Etrvscis Encavstige Pictis a Clemente XIIII

ISBN/EAN: 9783742895264

Manufactured in Europe, USA, Canada, Australia, Japa

Cover: Foto ©Thomas Meinert / pixelio.de

Manufactured and distributed by brebook publishing software (www.brebook.com)

Anonymous

Ioannis Batpitstae Passeri Pisavren. Nob. Evgvbini de Tribvs Vascvlis Etrvscis Encavstige Pictis a Clemente XIIII

IOANNIS BAPTISTAE PASSERI

PISAVREN. NOB. EVGVBINI

DE TRIBVS VASCVLIS ETRVSCIS

ENCAVSTICE PICTIS

A CLEMENTE XIIIL.

P. O. M.

IN MVSEVM VATICANVM INLATIS

DISSERTATIO.

FLORENTIAE, MDCCLXXII.

Ex Typographia Mouckiana. *Cum adprobat.*

RELIQVIAS, VETERVMQVE VIDES MONIMENTA VIRORVM.

Virg. Aeneid. lib. IIX. v. 356.

CLEMENTI XIIII

P. O. M.

ANTIQVARIAE. ERVDITIONIS. PROPAGATORI

EXIMIO

ABSOLVTISSIMAM. HANC. DISSERTATIONEM

CLARISS. PASSERII

DE. IMAGINIBVS. ET. SYMBOLIS

TRIVM. VASORVM. ETRVSCI. OPERIS

QVAE

PRINCIPIS. NOSTRI. SANCTISS. ET. SAPIENTISS.

LARGITATE

IN. VATICANVM. MVSEVM

A. SE. CVMVLATISSIME. DITATVM

INVECTA. FVERVNT

REGINALDVS. COMES. ANSIDAEVS. PATR. PERVS.

M. A. CARD. PRONEPOS

DEVOTVS. NOMINI. MAIESTATIQVE. EIVS

DEMISSISSIME

O

✣ V. ✣

ARGVMENTVM

DISSERTATIONIS.

I. *Vafa Etrufca antiquiffima olim a Romanis pef-*
   fumdata ob invidiam libertatis feculo hoc in-
   nocentiffimo Romam fervanda confugiunt.

II. *Perufia feraciffima Monumentorum Etrufcorum, eo-*
    rumque cuftos, & decus.

III. *Vaforum Etrufcorum laus, & illorum Picturae*
     mira induftria, atque artificium.

IV. *Examinatur Pictura Vafis I. & refertur ad pom-*
    pas nuptiales, in qua cernitur imago fponfae
    ad vivum expreffae. Perpenditur ornatus ca-
    pitis, nempe reticulus, ejufque ratio, & in-
    ftitutio antiquiffima; item feni crines, quibus
    fponfae ornari folebant. Obiter quaeritur quis
    fuerit cultus capitis Virginum Etrufcarum.

V. *Pictura Vafis II. pertinet ad collationem Togae*
   virilis. Coeremoniae plures hujus folemnitatis re-
   feruntur. Togae forma defcribitur, ejufque de-
   ferendae modus, & tempus, quo communius
   traderetur, nempe Saturnalibus Decembri, &
   feftis Baccbi Ianuario.

VI.

❧ V I. ❧

VI. *Tradita Adolescentibus Toga , Ramusculus felicis arboris conseri solebat Genio pueri sacer , multaque religione ali solebat . Praetexta a puero dimissa cum aurea Bulla Laribus domesticis dedicari solebat . Parentes monita civilis vitae natis , qui Togam acceperunt , ante Deos domesticos tradere consueverant . Tyrones nuper Toga donati per annum numquam exerti incedere debebant ea penitus contecti .*

VII. *Exponitur Pictura III. Vasis eiusdem argumenti , ubi Genius Tyronis alatus palam interest sacris hac occasione sibi oblatis , hisque sibi litatum demonstrat .*

C. Mariotti Peruf. del: F. Allegrini inci:

DISSERTATIO.

I.

C. M. Peruf. del   F. A. inci:

PERIS antiquiſsimi Vaſa Etruſca graphice illius Nationis mores exprimentia, & in Agro Peruſino quinto ab Vrbe lapide, eo in loco, quem MANDO-LETVM appellant, circa vigeſimum huius

hujus feculi annum defofla, ad fa-
crarium, & tutelam univerfae antiquitatis confugiunt fub aufpicio
CLEMENTIS XIIII. P.O.M. divinarum
fimul & humanarum fcientiarum
Amplificatoris, ut quae olim a Romanis peflumdari, veluti fpolia ex
hoftibus, per iniuriam folebant,
nunc inter mitiffimi feculi ftudia
in facratifsima illa totius generis
humani arce, admirationi fimul,
& inftructioni ultro oblata conve-
nirent. Ab hac humanitate recef-
ferat olim Iulius Caefar vivis pariter & mortuis infenfus, de quo
Svetonius in ejus Vita cap. 81.

Cum in Colonia Capua deducti Lege Iulia Coloni ad ex-
truendas villas fepulchra vetuftifsima difficerent, idque eo
ftudiofius facerent, quod aliquantum vafculorum operis
antiqui ferutantes reperiebant: Tabula aenea in monu-
mento,

mento , in quo dicebatur Capys conditor Capuae fepul-
tus , inventa est conscripta &c. Id vero non
sine iniuria Legum de sepulchris
toleratum eft, ut morum antiquo-
rum memoria deleretur, ne si per-
manfifset , antiquae libertatis re-
cordatio excitaretur.

I I.

Perusia Monumentorum huiuf-
modi mater , atque per tot secula
melioris fortunae anxia cuftos, una
fuit ex xII. Etruriae Urbibus ,
quae in foedus arctiffimum conve-
nerant a prima ufque origine ex
quo *Chittim* Noe nepos in hanc Ita-
liae Infulam (ut Scriptura divina
loquitur) progeniem fuam collo-
cavit. Hinc femper in divinis Lit-
B teris

teris Italia nomen *Chittim* obtinuit
haud ambiguo documento primae
originis, & conditoris; pudet enim
nos, qui Etrufci fumus, meque
praefertim inter Volfinios, Tarqui-
niofque Farnefii natum, originem
a Celtis deducere, ut affirmare non
dubitavit ingeniofus quidam fom-
niator, quem nuper refellere coa-
ctus fum inter Ephemerides Flo-
rentinas. Infitam vero ufque a prima origine libertatem foedere fo-
ciali Perufia fervavit illaefam ufque ad execratas *Perufinas Aras*, quam
ignominiam male reparatam titulo
Auguflae virtus Populi bellica, & ani-
mi magnitudo compenfavit, potif-
fime vero litterarum fplendor, quibus debeo quaecumque illa fuerint
tyrocinia mea, atque progreffus

        Sed

Sed neque praetermittam Vrbem
hanc florentiſſimam devinxiſſe ſibi
eruditorum animos non modo ob
ſtudium has antiquitatis reliquias
colligendi , ſed etiam illuſtrandi ,
inter quos omnium primus Clariſ-
ſimus Ciattus , qui cum vidiſſet
ſupellectilem hanc toto fere orbe
diſtrahi , in eius egregio opere
De Peruſia Etruſca potiſſima Peruſinorum
monumenta typis evulgavit . His
vero unice nocuit inanis illa tam
remotae antiquitatis reverentia ,
qua ea numquam intelligi poſſe cre-
debatur , quam nuper ſubſtulit ſi
non felicior doctrina , maior tamen
Mundi audacia ad mirificum feſtinantis , ne , quae imminens aetas
deterior perditura eſt , penitus de-
perirent. Inter eos vero , qui huius

ius ſtudii primordia in magno illo
litterarum emporio exceperunt, iu-
re merito computamus MARCVM AN-
TONIVM ANSIDAEVM Cardinalem Am-
plifsimum, & numquam interituri
nominis virum , qui monumenta
univerſa Patriae ſuae quotquot pro-
diere, dum vixit, in avitūm Mu-
ſcum inferenda curavit, haud igna-
rus , futurum fuiſſe , ut quidquid
praeclarius emergeret e tenebris ,
fortunae aliquando Principis Vrbis
reſervaretur , haud indignum pu-
tans Viro Praefule in Etruſca eru-
ditione verſari, cum plerique Ec-
cleſiae Patres in eius Nationis Li-
bris , qui tunc extabant , curam
ſuam impenderunt, ut vulgi errores , qui tum irrepferant , obelo
cenſorio expungerent.

III.

I I I.

Inter confultifsima Etrufcae in-
duſtriae opera computanda funt
vafa fictilia encauſtice picta, quae
immortali quodam artificio fem-
perque vernante non mores tantum Etrufcorum nobis obiiciunt ,
fed loquaciſſime interpretantur, ita
ut pene Librorum illius Nationis
iacturam compenfent , totamque fe-
riem vitae eius Gentis, ac fi prae-
fens effet, exponant. Equidem nec
Graeci , nec Romani tanto nos fub-
fidio adiuverunt ambitione mar-
morum, auri, & argenti exultan-
tes, quo barbaros ab extremo Se-
ptentrione ad rapinam accerferunt.
Habuere haec imperia fcriptores ,
　　　　　C　　　　　& hi-

& hiſtoricos caſus & prolapſionis ſuae, ex qua tamen nuſquam ſur- rectura erant; at contra Etruſci ob- ſequuti ſunt ſigula, quorum ſub- ſidio revivifcerent, facilique tra- ctu penicilli feſtinantis ad aeterni- tatem gloriae reparandam, cui haec ſphragiſmata commendabant, qui- bus nonniſi Romani Coloni apud Capuam nocuere, quandoque ta- men deſiderandis . Sed antequam ſingula perſcrutemur, operae pre- tium eſt artificium illorum, ſum- maſque leges attingere, quarum ductu in exercitio operum rege- bantur. Lex praecipua fuerat, ut Pictura nihil inane, aut frivolum exprimeret, ſed tantum inſtrue- ret. Ab hoc inſtituto ſeſe emanci- parunt artifices orientales, quorum
toreu-

toreumata hodie in pretio funt ,
quae nec fuos erudiunt , nec ex-
teros ; deterius vero fi inftruant ,
nec enim nifi otia illius Gentis re-
ferre callent , putidi fumi ex ore
exhalati vapores iniuriofos, & cal-
dae compotationem, quae nimium
inter nos diffufa inertem Italiam
fpeciofiflimis in tabernis deforma-
vit. Unus hic Argillae fplendor ;
quam murrheam vocat Propertius
4. 5. 26.

Murrheaque in Partis pocula coïla focis.

At pictura Etrufca totam nobis ex-
ponit mithologiam rebus Etrufcis
explicandis addictam , Heroicorum
temporum exempla ad imitationem
expofita ; hinc patet tota Ilias ;
hinc Vlyfsis errores , & Thebana
utraque hiftoria plena portentis ,

atque

atque formidine , quam ex Ho-
mero Statius noſter ſibi ſubripuit;
hinc pompae qua ſacrae , qua ci-
viles expreſsae ſunt , quoque or-
dine ducerentur apparent , & di-
gito deſignantur . Id praecipue
praeſtat in Sacris Bacchicis , quae
alioqui ſecreto exitiali obtenebrata
a Pictoribus hiſce ſycophantiae ad-
verſis liberaliter patefacta ſunt .
Altera demum lex Pictorum Etru-
ſcorum perennis fuit, ut hiſtoriae,
aut fabulae ſemper alluderent ad
actionem, in quam Vaſa parabantur, unde ampliſsima patebat via
ad magnificentiam, & admirationem
conciliandam Deorum, & Heroum
interventu , quo caeremoniae no-
bilitantur . In hoc vero Pictores
Piſaurenſes duobus ab hinc ſecu-
lis

lis Etruſcos imitati ſunt, cum ad-
·huc illorum exemplaria, quae Flo-
rentiam abiere, apud nos eſſent.
Habeo enim apud me Crateres in
uſum puerperii concinnatos, in
quorum uno Ledae partus, in al-
tero Alcmenae exprefsi ſunt cum
univerſo apparatu, quo utraque
hiſtoria expreſſa eſt a Poetis. Caeterum iidem Pictores noſtrates adeo
tenaces fuerunt praeſcriptionis E-
truſcae, ut illorum Picturae totam
fere habeant in Lancibus novi, &
veteris Teſtamenti Sacram Hiſto-
riam, inſuper univerſam Roma-
nam, & Ovidii Fabulas, quas ho-
neſtus homo ignorare non poteſt,
ne barbarus videatur.

D **IV.**

I V.

Vafa, quae obfervanda proponimus, tria funt, & mole, & incolumitate fpeftanda, & regio quocumque apparatu dignifsima. Horum primum pertinet ad ritus nuptiales, reliqua vero duo ad caeremonias, quae apud Etrufcos primum, deinde apud Romanos peragi folebant, cum eorum filiis circa annum xvi. depofita Bulla aurea, ac vefte praetexta, toga pura communis Civium tribuebatur adhibitis quibusdam ritibus. Id *Sacrum Praetextatum* nuncupabant, de quo videndus Quintilianus, & qui de ritibus, & moribus Romanorum egerunt. Primum igitur Vas ad

Nu-

Vas Etruscû Altitudiniſ Palmorum duo Rom:

C. Mariotti Peruſ: del:

F. Allegrini inci

Altera Facies Vasis.

C. Mariotti Peruf. del:

F. Allegrini inci

Nuptias puto referendum, nam multa in his pompis Vasa deferri consueverant, praesertim vero cum aqua, & igne, mysticis elementis caloris, & humoris, quae ad generationem maxime conferre arbitrabantur. Haec vero Matrimonia hoc ritu celebrata sanctissima, & inviolabilia existimabantur, quapropter *puriter facere* censebantur, qui hoc ritu uxorem ducerent, ut colligitur ex Novio *Virgine praegnante* apud Nonium *de indiscretis adverbiis* ;

> *Sequere me, puriter volo facias ,*
> *Igni, atque aqua volo hunc accipere.*

Deferebatur Cumerus , de quo Varro lib. 6. de Ling. Lat. *Dicitur in Nuptiis Casmillus, qui Cumerum fert, in quo quod sit in ministerio plerique extrinsecus nectunt.* Et Festus: *Cumerum vocabant antiqui Vas quoddam , quod opertum.*

in

in Nuptiis ferebant , in quo erant nubentis utenfilia .

Vafa praeterea omnia in ufum menfae ore repando ad vina ex fimpulis miniftranda parabantur , quae omnia ornamentis aptifsimis ope picturae concinnabantur , veluti magnificum illud Bononiae in aedibus excelfae Familiae Bentivolae , in quo raptus Leucippidarum a Diofcuris perpetratus expreſſus eſt. In his vero vafculis non femper hiftoriae exprefsae funt , praefertim feftinantibus Nuptiis , quin aliquando folum caput fponfae ad vivum efformatum obfervatur, ut in praefenti vafe, & aliis, quae inter picturas Etrufcas T. I. referendas curavimus . Nec praetereunda eſt altera coniectura ; quod aliquando Familiae Etrufcae

me-

melioris notae , quae Deorum inanium fabulas refellebant , hafce
ineptias penitus evitarent ; cer-
tum eft enim floruiffe apud Etrufcos fcholam quandam electiffimam
Philofophiae, in qua reiecta Deorum pluralitate, ac ridiculis Theo-
goniis , iifque in plebeculam re-
iectis , docebatur unum omnino
effe Deum conditorem omnium ,
atque cuftodem, aeternumque ma-
lorum vindicem , & bonorum re-
muneratorem , ut Tom. II. Picturarum oftendi peculiari Difserta-
tione *De Arcana Etrufcorum Philofophia* . Hae
vero fponfarum imagines, quarum
unam hic expreffam producimus ,
luculentiffimo cultu apparari folebant, praefertim vero margaritis
fupra frontem inftar radiorum emi-
E   nen-

nentium, non ambiguo teſtimonio profapiae ſplendidiſsimae; aliquando vero minori faſtu pro variis ſingulorum populorum inſtitutis . In hoc uno tamen confenſere Matronae univerſae, ut more maiorum totum capillitium reticulo includerent, & occurrentibus invicem faſciis , ſupra frontem conſtringerent . Varro de Ling. Lat. *Quod capillum contineret dictam a rete reticulum* ; & Nonius: *Reticulum tegmen capitis muliebre* . Id vero geſtamen a Religione profeCtum eſt , eo namque & Veſtales , & Bacchae utebantur. Quinimmo Matronae haec reticula velut gratiſſima Diis, & Deabus votiva offerebant. Idem Varro in Seſquiuliſs. apud Nonium cap. de gen. Veſt. v. Strophium: *Suſpendit Laribus marinas molles ,*

les , pilas , reticula , ac ſtrophia . Nec mirum,
cum enim Matres familias, veluti
Sacerdotes apud domeſticos Deos,
& ſacra privata cenſerentur , quibus interdiu ſine ſtola , ſeu pallio
ſuperiore caeremonias obire con-
tingeret, ne nudo capite litarent ;
placuit hoc reticulo ſemper para-
tas eſſe , & promptas ſacrificio .
Caeterum inducto urbanis moribus
hoc cultu capitis, nihil obſtabat ,
quin etiam Matronae, quae a Deorum inanium honore alienae erant,
eodem ornatu uterentur, nam veteres foeminae a novitate maxime
abhorrebant , ut ornatum quem
a maioribus aliquando excepiſſent
mordicus retinerent. In hoc vero
ſemper laudavi Alexandri Severi
ſanctionem , quam refert Lampri-
dius :

dius: *Matronas regias contentas effe debere uno reticulo, atque inauribus, & bacchato monili, & corona, cum qua facrificium faceret, & uno pallio auro confperfo, & cyclade, quae fex unciis auri plus non haberent.* Ex capillis vero reticulo inclufis circa utramque auriculam tres cirri diffluebant, ut in caeteris omnibus Picturis, & praecipue in hac praefenti obfervamus, quod quidem fenis crinibus ornari dicebatur. Ita Feftus: *Senis crinibus nubentes ornantur, quod is ornatus vetuftiffimus fuit; & quidem quod eo Veftales Virgines ornentur, quarum caftitatem viris fuis fpondeant.* De Virginibus, an paffis, feu colligatis crinibus uterentur, nihil adhuc compertum habeo. Vidi equidem figilla Virginum votiva paffis poft terga capillis efformata, ut apud Bonarotum *de Nummis Carpineis*, Gorium *Mufei Etrufci Tom.*

Tom. II. inter Picturas Etruſcas, quas retuli in *Prolegomenis ad Tractatum* Ioannis Baptiſtae Donii *de Lyra Barberina* , ac *Muſica Veterum* , ac recenſui in T. cɪ. Picturarum Etruſcarum Tom. II. Habeo etiam huiuſcemodi Icunculas aereas apud me . Aſt hic cultus erat Mulierum vota concipientium, & puerperarum, quae ideo crines effundebant, ne quid ligatum haberent in toto corpore, quod univerſum Numinibus addictum eſſe reputabant, ut late demonſtravi ad T. ʟɪɪx. & ʟɪx. earumdem Picturarum. Notandum praeterea eſt huiuſmodi ſigilla ſiniſtra manu tunicam attollere more gradientium, quod ſimulacro *Spei* plerumque tribuitur, ſed magna oritur mihi ſuſpicio apud Etruſcos ſub hac ima-

F   gine

gine Deam Iuventam fuiſſe expreſ-
ſam ; eamque unam eandemque
eſſe cum Spe, quod Iuventus plerumque plena ſpei videatur .

V.

Gemina Vaſa ſequentia , ut ſu-
pra innuimus *ad Sacrum Praetexiatum* per-
tinent , quo adoleſcentes depóſita
Praetextá Togam puram , & can-
didam aſſumebant , de quo Quintilianus laudatus, & qui de re ve-
ſtiaria . Et primo quidem pueris
cum ad annum xvi. perveniſſent
(nam eo uſque Toga utebantur
Praetexta purpura, & Bulla aurea)
virilis Toga pura , & candida ſu-
menda erat. Tunc vero praemiſſis
quibuſdam caeremoniis, in quibus
potiſ-

Vas Etruscaß Altitudiniß uniuß Palmi Rom:

C. Mariotti Peruj del: F. Allegrini inci:

potiſſimam partem Religio ſibi uſurpabat, illis primo detondebatur coma, quam prolixam prius deferebant, ex qua *caſillati* dicebantur. Exinde uſque ad humeros protrahi ex veteri inſtituto non licebat. Praemittebantur Balnea ſacra, non tantum ad nitorem corporis, ſed ex Religione quadam vehementi, ex qua putabant aquam tot Deorum habitaculum virtute maxima pollere culparum omnium abluendarum ad novam vitam ſanctius inſtituendam. Id ſatis ſuperque colligitur ex Picturis Tom. I. in quibus haec lavacra, & forma Fontium frequenter apparet. Quas vero quantaſque virtutes hiſce ablutionibus adſtruerent veteres; paſſim ubique adnotavimus, praeſertim
tim

tim véro eiufdem Operis Tom. III.
qui fub praelo eft , ubi Picturas
fepulcrales digeſſimus . Interim Bulla aurea , & Praetexta Puero detracta , & in orbem per cingulum
decuſſatum conftricta , veluti eme-
rita Diis domefticis offerebatur .
Prop. 4 . 1. 132.

Mox ubi Bulla rudi demiſſa eft aurea collo
Matris , & ante Deos libera fumpta Toga .

Hinc primum Tunicula nova fine
manicis tribuebatur Iuveni , infuper vero Toga candida eidem cir-
cumponebatur ex lana , commune
Etrufcorum operimentum . Huius
forma fimplicifsima fuit , pannus
nempe quadratus latitudinis humanae ftaturae, duplae vero longitu-
dinis, qui in rhombum protractus,
ut geminos angulos acutos efformaret,

maret , unus ex his imponebatur
antrorfum humero finiftro . Reliqua pars reflexa circa terga colli-
gebatur fuper humerum dexterum,
vel fubtus brachium cum exerti
incederent . Reliquum Togae peftus , & ventrem tegebat, iterum-
que angulus extremus acutus reii-
ciebatur fupra latus finiftrum fibu-
la confirmatum ne difflueret. Ars
vero, qua circa peftus difponeba-
tur , ftudiofifsima erat , ut magnifi-
cos quofdam finus efformaret, quo
indumento nihil grandius, aut au-
guftius unquam inventum eft, atque aptius Sculpturae. Hoc habitu
Tyrones (nam hoc nomine per
integrum Annum vocabantur no-
velli Togati) fub gravi aliquo cu-
-ftode primo procedebant in forum,

G fefc-

feseque Populo oftendebant ; brachium tamen dexterum modeftiae
caufa exerere e Toga eis non licebat , fed inclufum fub Toga
ferre debebant, ut notat Cicero pro
Caelio: *Nobis quidem annus erat unus ad cohiben-
dam brachium Toga inftitutum , ut exercitatione ludoque
campeftri tunicati uteremur*. Hinc paffim videas in noftris Picturis Tyrones
hofce Toga penitus ad os ufque
involutos. Potiffimis vero honori-
bus celebritas ifta colebatur , tum
privatorum exultatione , cum etiam publica religione , nam licet
quovis tempore , & die , dummo-
do non nefafto , Toga tribui pof-
fet, invaluit tamen mos , ut Decembri inter Saturnalia , ut refert
Macrobius, aut Ianuario dum Li-
beri Patris fefta agerentur , ut te-
ftatur

Altera Facies Vasis.

C. Marini Peruf. del.   F. Allegrini inc.

ftatur Ovidius, folemniffimis tunc
diebus, & laetitia redundantibus ,
communiter Toga traderetur . Ita
ipfe Faftorum 3.

Reftat ut inveniam quare Toga libera detur
Luciferis pueris candide Bacche tuis .

V I.

Vides igitur in Tab. II. gemi-
nas Matronas facrum aliquod per-
ficientes fupra ramufculum vitis
humi depactum , & virefcentem ,
quarum una nefcio quid , fortaffe thus , aut aliquid aliud redo-
lens fpargit fupra viticulam Genio
pueri facram. Solebant enim Etrufci , deinde & Romani , diebus
quibufdam aufpicatifsimis , fpon-
falium nempe , natalium , & cum

To-

Togam traderent natis , furculum
aliquem felicis arboris humi con-
ferere , facrum Genio infantis ,
aut adolefcentis, illumque diligen-
ter enutrire, & fovere, veluti fe-
dem ipfius Genii , ut fi ftirps ifta
viridis crefceret , fpem optimam
de filio conciperent . Huius infti-
tuti frequentiam teftantur exempla obvia in noftris picturis; confirmat vero Donatus in vita Virgilii , referens in illius Vatis nativitate morem hunc fuifle fervatum :
*Siquidem virga populea more Regionis in puerperiis eodem
ftatim loco depacta , ita brevi coaluit , ut multo ante
fatas populos adaequarit : quae arbor Virgilii ex eo dicta,
atque confecrata eft , fumma gravidarum , & foerarum
religione fufcipientium ibi , & folventium vota .* Nec
mirum , cum Mantuani foboles
Thufcorum effent . Supra arbu-
fculum

fculum facram globus cernitur , nempe praetexta Diis domefticis dedicata, mulier vero adminiftra arculam fuftinet, unde vel nova Toga detracta eft , vel in qua praetexta eft recondenda . Loculi vero, ubi Dii familiares fervabantur , plerumque rotundi erant in pariete , ut circularis figura Coelum imitaretur . In adverfa parte huius Picturae, caeremonia iam exacta, Paterfamilias Tyronem fuum ante aram Deorum familiarium alloquitur, & praeceptis civilis vitae fedulo informat, ut frequenter alibi cernitur. Idem parens de more baculo innititur , ut fere femper obfervatur , nam in Saturnalibus ex vetere inftituto id geftamen deferebant , ut refert citatus Macro-

H   bius:

bius ; nec dubito quin id etiam
ufurpatum fuerit in feftis Bacchi,
nam faepe animadverti virgas hafce frondentes apparere, ut ex re-
centi vite refciflae videantur.

V I I.

Ad idem . facrum pertinet Pi-
ftura Vafis. tertii , nec a priore
admodum differt. In prima fron-
te Materfamilias circa cultum al-
terius arbufculae verfatur , & li-
bamina quaedam in illius verticem
fpargit, & quodammodo confecrat,
five dedicat Genio Tyronis fui .
Notandum in hoc etiam fchemate
Matremfamilias libare nuda manu,
abfque Patera , nam tribus tantum digitis thura infundebantur ,
                              five

Vas Etruscu Altitudinis Palmorum duo Rom.

C. Mariotti Peruf: del: F. Allegrini inci:

Altera Facies Vasis.

C. Mariotti Peruʃ: del: F. Allegrini inci:

sive id fieret in foco, sive ubivis
oporteret. Ovid. Faftor. 2.

Et digitis tria thura tribus fub limine ponit.

Hic pariter fufpenfus confpicitur
globus praetextae. Rofa infuper ,
& geminae vittae , quarum ufus
maximus fuit in facris arboribus,
quae vittatae fere femper nuncu-
pantur. Symmachus:

Et quae fumificas arbor vittata lucernas
Suftinuit , cadit ultrici recifa fecuri.

Loquitur enim de Lucis facris ,
in quibus arbores univerfae reli-
giofae erant. Alterum vero Vafis
latus myfticum aliquid fpirat, Genio ipfo tamquam huic operi in-
terfit palam induɗo, quod folemne
erat Etrufcis Piɗoribus, qui aɗi-
bus humanis divina faepe intermi-
fcebant. Stat Mater innixa crate-
ri,

ri , quo in balneo ufa eft ad fi-
lium abluendum , cuiufmodi plura vidimus inter Picturas hafce
Lib. 1. & 2. Nec temere fufpicor
Matrem in hac Pictura oftentare
ipfi Genio praefenti labrum , ex quo
lotus filius , veluti novus homo
profilierat . Illa etiam tamquam
praefente Numine flabellum faciei
anteponit ex quodam veluti obfe-
quio ; timor enim invaluerat mor-
tem illi imminere , qui oculos in
Deos intenderet. Formam eandem
faepe videas in noftra Collectio-
ne. Arborem quoque finiftra manu
conftringit, illam fortaffe ufque a
pueri nativitate confitam , eidem-
que Genio facram , & annuo cultu profequutam , quae deinde in-
ftaurata folemnitate praetermitti
non

non poterat. Interim Genius ipfe
confpicuus , & aliger peplo fuo
infidens , & pateram ultro porri-
gens facra fibi oblata excipere, &
rata habere confirmat. Sub latere
ipfius cymbalum confpicitur lacti-
tiae inftrumentum , & Baccho gra-
tiffimum , non diffimulans quo fe-
fto , quove tempore folemnitas ifta
celebretur.

Haec omnia Perufinis Proce-
ribus eo libentius commemoranda
duxi , ut poft tot faecula mores
fuos patrios recognofcant, videant-
que fimul quo ftudio , & cura fi-
lios fuos educarent, quos in impe-
rium Patriae, & in exemplum cla-
rifsimi Populi enutrirent.

Plura humanae vitae officia ,
quibus Etrufci noftri aetatem fuam
veluti

veluti per fectiones dividebant , contemplati fumus adumbrata in tribus hifce Vafculis , & veluti u- niverfae vitae epilogum expofui- mus , ut munus Maximo , ac Sapientiffimo Principi refervatum compendiariis lineamentis inftitu- tionem univerfam cultiffimae illius Nationis exhiberet. Aft unum de- fuit , idque potiffimum , Mors , quam magnificentiffime per allego- rias fignificatam, in tertio Pictura- rum Etrufcarum Volumine. brevi prodituro publicae luci expone- mus.

FINIS.